Claudia Haas · Sigrid Schießer · Astrid Wahrenberg

Gurkenkraut und Ringelblume

Gartenparadiese für drinnen und draußen

Mit Bildern von Annette Fienieg

Patmos

Die **Autorinnen** dieses Buches leben mit ihren Familien auf dem Land in alten Fachwerkhöfen. Sigrid Schießer und Claudia Haas arbeiten als Grundschullehrerinnen täglich mit Kindern zusammen. Astrid Wahrenberg ist Journalistin. Allen gemeinsam ist das Interesse an Kindern und der Natur.

Annette Fienieg lebt in Utrecht in den Niederlanden. Sie arbeitet als freie Illustratorin für verschiedene Verlage.

Bei Patmos ist vom gleichen Team bereits erschienen:
Das Wasserbuch: Wissen und Spaß für kleine Wasserforscher

Für unsere Kinder: Sarah, Angelika, Johann, Philipp, Julius, Julian, Vincent, Marek, Annika, Rahel

Claudia Haas/Sigrid Schießer/Astrid Wahrenberg (Text)
Annette Fienieg (Illustrationen)
Gurkenkraut und Ringelblume
Gartenparadiese für drinnen und draußen

Bibliografische Information der Deutschen Bibliothek
Die Deutsche Bibliothek verzeichnet diese Publikation in der Deutschen Nationalbibliografie; detaillierte bibliografische Daten sind im Internet über http://dnb.ddb.de abrufbar.

Umschlaggestaltung: Heike Ossenkop pinxit, CH-Basel
unter Verwendung einer Illustration von Annette Fienieg
Printed in Poland
ISBN 3-491-42054-7
www.patmos.de

Inhalt

Im Zimmergarten 4

Pflanzen auf Fensterbank und Balkon 8

Das Gartenjahr 14

Wassergärten 20

Gartenpflege 22

Lebensraum für Tiere 25

Schönes und Nützliches aus dem Garten 28

Alle Pflanzen und Gartenideen auf einen Blick 32

Im Zimmergarten

Wohnst du in einer Wohnung und hast keinen Garten? Das macht gar nichts, du kannst in deinem Zimmer eine Gartenecke einrichten oder auf der Fensterbank besondere Pflanzen züchten.
Alle Pflanzen für die Gartenideen in diesem Buch sowie das Zubehör bekommst du im Gartencenter und in der Gärtnerei.

Garten in der Kiste

Du brauchst:

- eine Sperrholzkiste vom Obsthändler
- Plastikfolie, zum Beispiel eine aufgeschnittene Plastiktüte ohne Löcher
- einige Hände voll Kieselsteine
- Blumenerde
- verschiedene Zimmerpflanzen wie Grünlilien und Minipalmen
- verschiedene Gegenstände zum Verzieren

Wenn du Kakteen magst, kannst du auch einen Wüstengarten gestalten. Dazu stellst du eine Mischung aus zwei Teilen Sand und einem Teil Erde her. Du darfst deinen Garten nur selten gießen. Kakteen mögen es warm, trocken und sonnig.

Breite die aufgeschnittene Plastiktüte in deiner Kiste aus. Sie muss so groß sein, dass sie auch an den Seiten eine Handbreit hoch steht. Verteile den Kies als dünne Schicht darauf und fülle dann die Blumenerde bis knapp unter den Rand der Kiste.
Grabe kleine Löcher und setze die Pflanzen hinein. Drücke die Erde vorsichtig an. Begieße deine Pflanzen sorgfältig, aber nicht zu viel. Die Erde soll feucht, doch nicht matschig sein. Jetzt kannst du den Garten noch verschönern: Mit kleinen Steinen kannst du Wege legen, aus einem Spiegel wird ein See, aus Hölzchen lassen sich Brücken und Hütten bauen.
Die Gartenkiste braucht einen hellen Platz am Fenster.

Wassergarten mit Mini-Haustier

Du brauchst:

- ein großes Gefäß oder kleines Aquarium aus Glas oder Plastik
- Kaltwasserpflanzen (aus dem Aquariengeschäft)
- schöne Kieselsteine oder Sand
- Steine, Muscheln oder Schneckenhäuser zum Verzieren
- Apfelschnecken (aus dem Aquariengeschäft; circa ein bis zwei Euro)
- eine kleine Terrarienheizdecke (aus dem Aquariengeschäft)

Fülle das Glas fünf Zentimeter hoch mit Steinen oder Sand. Setze die Pflanzen hinein. Gieße vorsichtig lauwarmes Leitungswasser dazu. Mit Steinen, Wurzeln oder Muscheln kannst du deinen Wassergarten dekorieren. Wenn du ein größeres Gefäß hast, kannst du eine oder zwei Apfelschnecken hineinsetzen. Sie reinigen die Glasscheiben von Algen und sind sehr interessant zu beobachten. Füttern kannst du sie mit Algentabletten für Tiere. Davon genügen zwei Stück pro Woche. Der Wassergarten soll hell und sonnig stehen. Apfelschnecken stammen aus wärmeren Ländern und fühlen sich in warmem Wasser am wohlsten. Das Wasser darf aber nie heißer als 30 Grad werden. Darauf musst du besonders in den heißen Sommermonaten gut achten. Dann rücke dein Becken lieber an einen etwas schattigeren Platz. In den kühleren Monaten legst du die Terrarienheizdecke unter dein Wasserbecken.

Irgendwann werden die Glasscheiben grün und das Wasser trüb. Spätestens dann musst du das Wasser austauschen. Nimm einen Eimer und ein längeres Stück Aquarienschlauch. Der Eimer muss tiefer als das Becken stehen. Ein Ende des Schlauchs hältst du in dein Wasserbecken. Jetzt musst du ganz kurz und kräftig am anderen Ende mit dem Mund die Luft ansaugen und den Schlauch sofort in den Eimer halten. Das Wasser fließt heraus. Nun kannst du die Scheiben mit einem Schwämmchen abreiben und frisches Wasser auffüllen.

Die Grünlilie

Sie stammt aus Südafrika und ist sehr einfach zu pflegen. Die Grünlilie verträgt helle oder dunkle, kühle oder warme Plätze und wächst schnell. Auch wenn du sie einmal ein paar Tage nicht gießt, ist das nicht so schlimm. Sie sorgt außerdem für gute Luft im Zimmer, weil sie Schadstoffe aufnehmen kann. Das Besondere an ihr ist ihre einfache Vermehrung. Schon als mittelgroße Pflanze bildet sie lange Stängel, an denen kleine Pflänzchen (Kindel) hängen. Schneide sie ab und stelle sie für drei Wochen in ein Glas mit Wasser. In dieser Zeit bilden sie Wurzeln und können danach in Blumentöpfe mit Erde gepflanzt werden.

Das Brutblatt

Diese Pflanze stammt aus Madagaskar. Schon der berühmte deutsche Dichter Johann Wolfgang von Goethe studierte und züchtete sie. Er verschenkte sie auch als Zeichen der Freundschaft. Die Pflanze wächst besonders gut in Kakteenerde und sie braucht nur wenig Wasser. Das Besondere an ihr: Sie vermehrt sich ohne Hilfe. An den Blättern der Mutterpflanze bilden sich Brutknospen. Das sind kleine Pflanzen, die auf die Erde fallen, wenn sie genügend Wurzeln gebildet haben. Sie wachsen von alleine an. Du kannst sie aber auch absammeln und in einen anderen Topf setzen.

Fleischfresser: Die Venusfliegenfalle

Diese Pflanze lockt Insekten mit Klappblättern an. Bei Berührung schließen sich die Blätter, die Fliege sitzt in der Falle. Zappelt das Insekt, ist das für die Pflanze ein Zeichen, ihre Blatthälften fest aufeinander zu pressen. Kleinere Tiere werden zerquetscht und die Pflanze beginnt sie zu verdauen. Nach ein bis zwei Wochen öffnet sich die Falle wieder und die unverdaulichen Insektenreste fallen heraus.

Andere Fleisch fressende Pflanzen wie Kannenpflanzen und Sonnentau benutzen Fallgruben oder Klebtropfen um Insekten zu fangen.

Fleisch fressende Pflanzen sind etwas schwierig zu pflegen. Doch wenn du unsere Tipps befolgst, können deine Pflanzen gut gedeihen.

Grünlilie

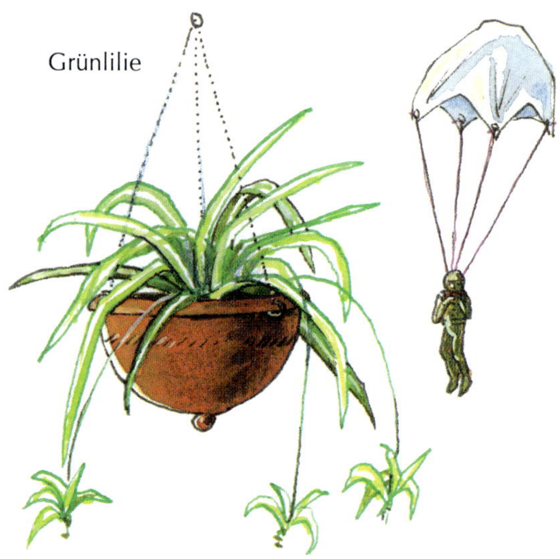

Brutblatt

Venusfliegenfalle

Fleischfresser-Terrarium

Du brauchst:

- ein kleines Terrarium aus Glas oder Kunststoff
- ungedüngten Torf
- Fleisch fressende Pflanzen
- Moos
- Regenwasser
- eine Glasplatte

Fülle acht Zentimeter ungedüngten (wichtig!) Torf in das Terrarium und stelle die Pflanzen mit Topf nur halb in die Erde. Den Torf kannst du mit Moos abdecken. Das Moos muss immer gut feucht gehalten werden. Ganz wichtig: Kein Wasser aus dem Wasserhahn verwenden, sondern nur gesammeltes Regenwasser. Damit die Luft im Glaskasten nicht zu trocken wird, musst du mehr als die Hälfte der Öffnung mit einer Glasplatte abdecken. Die Pflanzen sollen hell und sonnig stehen. In den Wintermonaten brauchen sie es kühl und hell. Sie ruhen dann und bekommen oft braune Blätter. Im Frühjahr treiben neue Blätter aus.

Wenn du deine Pflanzen füttern willst, kannst du ab und zu ein kleines Insekt fangen und es auf die Blätter legen. Berühre die Fallen nicht mit den Fingern oder einem Stöckchen. Das verträgt die Falle nicht, sie stirbt dann sehr schnell ab.

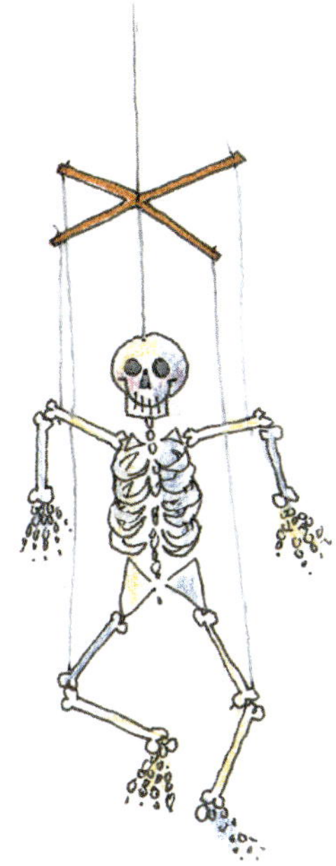

Pflanzen auf Fensterbank und Balkon

Leckeres Grünzeug und tolle Knollen

Vor deinem Fenster oder auf dem Balkon kannst du Töpfe und Blumenkästen bepflanzen. Dort kannst du sogar Kartoffeln ernten.

Kräuter im Blumenkasten

Wenn du einen sonnigen Platz auf einer Fensterbank hast, lohnt es sich, leckere Kräuter anzupflanzen. In vielen Supermärkten und Gärtnereien werden im Frühjahr kleine Töpfchen mit Kräutern angeboten, zum Beispiel Schnittlauch, Petersilie und Sauerampfer. In einen Blumenkasten, der Löcher im Boden haben sollte, kannst du die Pflanzen in Erde setzen. Es ist wichtig, dass deine Kräuter regelmäßig gegossen werden. Aber Vorsicht: Die Erde darf dabei nicht matschig werden.

Kräuterbutter-Rezept

Du brauchst:

- ½ Päckchen Butter
- 3 Esslöffel gemischte Kräuter, sehr fein geschnitten
- etwas Salz

Alles gut mit einer Gabel vermischen. Die Kräuterbutter schmeckt lecker zu frischem Brot, gegrilltem Fleisch und Gemüse. Für faule Leute: Frische, klein geschnittene Kräuter einfach aufs Butterbrot oder in den Quark streuen.

Kartoffeln im Eimer

Du brauchst:
- einen großen Eimer mit einigen kleinen Löchern im Boden
- Gartenerde
- drei kleine Bio-Kartoffeln (sie sind nicht mit Chemie behandelt und können deshalb austreiben).
- fünf Monate Geduld

Möchtest du gerne eigene Kartoffeln auf deinem Balkon ernten? Das ist ganz leicht. Pflanzzeit für Kartoffeln ist der Mai. Fülle den Eimer mit Erde, grabe die Kartoffeln gleichmäßig verteilt 15 Zentimeter tief ein. Gieße Wasser darüber. Die Kartoffeln keimen und wachsen am besten, wenn die Erde immer gut feucht gehalten wird. Nach etwa vier Wochen siehst du die ersten grünen Triebe der Kartoffelpflanze. Oberirdisch treibt die Pflanze oft Blüten aus, unterirdisch bilden sich kleine Knollen – das werden deine Kartoffeln. Im August oder September beginnt das grüne Kraut zu welken. Wenn es braun und abgestorben ist, kannst du deine Kartoffeln ausgraben.

Dein Duftgarten

Etwas ganz Besonderes ist ein Duftgarten auf dem Balkon oder der Fensterbank. Die Blüten oder Blätter der hier vorgestellten Pflanzen verströmen einen wohlriechenden Duft. Alle duftenden Pflanzen lieben Sonne und Wärme.

Lavendel

In Südfrankreich wächst Lavendel auf großen Feldern. Sein Duft wird für Seifen, Parfüms und Cremes verwendet. Es ist die lilafarbene Blüte, die so gut riecht. Du kannst ihren wunderbaren Duft einfangen, wenn du ein Lavendelsäckchen in deinen Schrank zu deiner Wäsche legst.

Pfefferminze und Zitronenmelisse

Diese beiden Pflanzen sind, wie Lavendel, Stauden. Das heißt, dass die Wurzeln in jedem Frühjahr wieder neue Stängel austreiben. Wenn du die Blätter zwischen den Fingern reibst, entfalten sie ihren frischen Duft. Das ist aber noch nicht alles. Du kannst aus ihnen leckeren Tee kochen.
Die abgeschnittenen Stängel von Minze oder Melisse kannst du auch an einem schattigen Ort zum Trocknen aufhängen. Die sehr trockenen Blätter brichst du nach einigen Tagen ab und bewahrst sie in einer Dose auf. So hast du auch im Winter deinen eigenen Sommertee.

Duftgeranie (Pelargonie)

Im Blumenladen kannst du ab Mai viele verschiedene Duftgeranien kaufen. Sie stammen ursprünglich aus Südafrika. Die Blätter und Blüten riechen nach Zitrone, Rose oder Zedernholz. Duftgeranien, sie werden auch Duftblatt-Pelargonien genannt, brauchen einen sehr sonnigen Platz und regelmäßig etwas Wasser. Das Wasser darf nicht im Untersetzer stehen.
Der Geranienduft ist so intensiv, dass du ihn als Parfüm benutzen kannst. Dazu zerreibst du ein Blatt auf deinem Handgelenk. Du solltest aber dann mit den Händen nicht die Augen berühren, denn die Duftstoffe der Geranien können die Augen reizen.

Kumquat mit Früchten

Kumquats gehören zu den Zitruspflanzen. Sie kommen aus China und heißen auch Gold- oder Zwergorangen. Die kleinen orangefarbenen Früchte sind mit Schale essbar. Innen schmecken sie sauer, die Schale ist aber sehr süß. Bei der Pflege musst du einiges beachten: Die Pflanze verträgt Regenwasser viel besser als Leitungswasser und darf nicht zu oft gegossen werden. Sie braucht einen sehr sonnigen Platz im Freien. Im Herbst muss sie ins Haus um zu überwintern. Ein ungeheizter, heller Raum ist ideal dafür. Im Winter braucht das Kumquat-Bäumchen nur ganz wenig Wasser.

Rezept: Kumquat-Marmelade

Du brauchst:

- 200 g Kumquatfrüchte (gibt's auch im Obstgeschäft)
- 300 g Gelierzucker
- 100 ml Wasser
- ein sauberes Marmeladenglas mit Deckel

Die Früchte mit Schale klein schneiden und über Nacht im Wasser einweichen. Am nächsten Tag mit dem Gelierzucker gut vermischen und mindestens vier Minuten sprudelnd kochen. Dabei ständig umrühren. Anschließend in ein sauberes, mit heißem Wasser ausgespültes Marmeladenglas füllen und gut verschließen. Das Glas auf den Kopf stellen und abkühlen lassen.
Die Marmelade kannst du auch mit Orangen kochen.

Sonnenblumen im Kübel

Du brauchst:

- 1 bis 2 leere Eierkartons
- Blumenerde
- eine Tüte Sonnenblumensamen

Etwa 2 bis 3 Wochen später brauchst du:

- einen großen Kübel mit Löchern, gefüllt mit Blumenerde
- Bambusstäbe oder Holzstäbe
- Bast

Sonnenblumensamen bekommst du in jedem Supermarkt im Samenregal. Schon im April kannst du die Pflanzen im Zimmer vorziehen. Sie brauchen einen hellen Platz am Fenster. Ab Mitte Mai können die kleinen Sonnenblumen nach draußen gepflanzt werden. Dazu zerschneidest du den Eierkarton vorsichtig in kleine Einzeltöpfe und setzt mehrere davon in einen Kübel. Damit die Pflanzen nicht umfallen, erhalten sie einen Stab und werden mit Bast angebunden. Falls du zu viele Sonnenblumen hast, kannst du sie auch in kleine Töpfe umpflanzen und verschenken.

Eine besonders schöne Dekoration für den Sonnenblumenkübel ist rankende Kapuzinerkresse. Du säst drei bis fünf Samenkörner rund um die Sonnenblumen. Schon nach kurzer Zeit wächst eine hübsche Pflanze heran. Ihre orangefarbenen oder dunkelroten Blüten und auch die Blätter sind essbar. Du kannst damit Kräuterquark oder einen Salat verzieren.

Das Gartenjahr

Frühling in deinem Garten

Nach dem langen Winter lockt uns der Frühling wieder in den Garten. Beete werden gehackt und gedüngt und große und kleine Gärtner säen Sommerblumen, legen Samen aus und bringen vorgezogene Pflanzen in die Erde.

Kürbisbeet im Komposthaufen
Es gibt über 850 verschiedene Kürbissorten, fast alle sind essbar.
Wie die Sonnenblumen werden Kürbisse aus Samen auf der Fensterbank im Zimmer vorgezogen. Ab Mitte bis Ende Mai, wenn es keine Nachtfröste mehr gibt, setzt du die Pflänzchen mit den Kartontöpfchen in den Kompost. Wenn du sie regelmäßig wässerst, wachsen besonders große Kürbisse.

Erbsen
Die Erbsen können von Mitte März bis Ende April in eine Saatrille gelegt werden. Dazu wird eine vier bis fünf Zentimeter tiefe Furche gezogen. Der Abstand zwischen den einzelnen Erbsen sollte zwei Fingerbreit betragen. Die Rille wird mit Erde bedeckt und feucht gehalten. Nach acht bis zehn Tagen sind oft schon die ersten grünen Triebe zu sehen. Erbsen brauchen verzweigte Äste (im Wald geschnitten) oder ein zwischen zwei Stangen gespanntes Netz, damit sie daran hochranken können.

Ringelblumen
Der Naturheilarzt und Pfarrer Sebastian Kneipp hat sie vor vielen Jahren so beschrieben: »Die Ringelblume hat etwas Gescheites. Wenn sie morgens nach sieben geschlossen ist, dann regnet es gewiss noch an diesem Tag; geht sie aber zwischen sechs und sieben auf, dann regnet es sicher nicht.« Die Samen dieser Pflanze werden ab Mitte Mai direkt ins Beet gelegt. Du kannst sie auch schon vier Wochen früher in Töpfchen vorziehen und im Mai nach draußen pflanzen. Sie sät sich jedes Jahr wieder von neuem aus.

Auch wenn es erst vor kurzem geregnet hat, musst du frisch ins Beet gesetzte Pflanzen gut angießen, damit keine Luftlöcher in der Erde bleiben. In diesen Zwischenräumen könnten die Wurzeln sonst vertrocknen.

Möhren
Die Samen kommen ab März in die Erde. Sie sind winzig und dürfen nicht zu dicht nebeneinander ausgesät werden. Ein Trick dazu: Du mischst die Samen mit etwas Sand und säst dann erst aus. Sie werden nur hauchdünn mit Erde bedeckt. Nach etwa drei Monaten kannst du die ersten Möhren ernten.

Borretsch (Gurkenkraut)
Borretsch gehört eigentlich zu den Küchenkräutern. Er hat wunderschöne blaue, kleine Sternblüten. Die Pflanze liebt feuchten Boden und mag es sonnig. Aussaat ist im April. Eine Pflanze braucht etwa 40 cm x 40 cm Platz. Die fein gehackten Blätter schmecken auf dem Butterbrot, im Gurken-, Tomaten- und Kartoffelsalat. Mit den blauen Blüten kannst du Nachtisch und Salate verzieren.

Cosmea (Schmuckkörbchen)
Sie liefert den ganzen Sommer lang Blumen für die Vase. Je öfter du Blüten schneidest, umso mehr neue Blüten entwickeln sich. Die Pflanze kann bis zu 1,50 Meter hoch werden. Sie blüht weiß, rosa oder dunkelrot. Die Samen werden entweder in Töpfchen vorgezogen oder ab Mitte April direkt ins Beet gesät. Vorsicht: Schnecken lieben sie, solange sie klein sind!

Sommer in deinem Garten

Im Garten wird es jetzt immer grüner. Bald beginnt die Erntezeit bei Erdbeeren, Himbeeren und Erbsen! Die Pflanzen brauchen jetzt viel Pflege.

Verblühte Zwiebelpflanzen

Die verwelkten Blüten von Osterglocken und Tulpen müssen so rasch wie möglich abgeschnitten werden. Der Rest der Pflanzen bleibt stehen, bis Blätter und Stängel gelb geworden sind und auf der Erde liegen. Dann schneidet man auch sie ab. So können sich die Pflanzen am allerbesten unterirdisch vermehren, das heißt, sie können kleine neue Zwiebeln bilden.

Erdbeeren

Erdbeeren pflanzt du am besten im Juli/August. Auf einem Beet von 1,20 Meter Breite werden zwei Reihen gepflanzt. Der Abstand zwischen den einzelnen Pflanzen beträgt ungefähr 30 Zentimeter. Die Jungpflanzen wachsen besser, wenn der Boden abgedeckt wird, zum Beispiel mit Stroh oder Kompost.

Zucchini und Salatgurken
Diese Pflanzen kannst du wie Kürbisse und Sonnenblumen aus Samen ziehen oder als kleine Pflanzen kaufen. Zucchinipflanzen brauchen feuchte Erde. Sie dürfen erst nach den letzten Nachtfrösten Ende Mai ausgepflanzt werden. Eine Zucchini- oder Gurkenpflanze braucht einen Quadratmeter Platz. Im Sommer muss sie regelmäßig gegossen werden. Am besten schmeckt das Gemüse, wenn es jung, das heißt 20 bis 30 Zentimeter lang, geerntet wird. Sehr große Zucchinis und Gurken schmecken bitter, ihr Fleisch ist zäh, die Schale hart.

Stangenbohnen/Feuerbohnen
Bohnen legst du wie Erbsen in Saatrillen, aber erst Ende Mai. Sie vertragen keinen Frost. Vor der Aussaat stellst du lange Stangen auf: entweder in einer Reihe nebeneinander oder im Kreis, sodass sich die Spitzen berühren – wie bei einem Indianer-Tipi. Rund um jede Stange legst du acht Bohnen und bedeckst sie zwei Fingerbreit mit Erde. Die Triebe ranken ohne Hilfe an den Stangen hoch. Übrigens: Auch im Balkonkasten kannst du Bohnen züchten! Dort steckst du die Stangen nebeneinander in eine Reihe.

Himbeeren
Die leckeren Himbeeren kannst du im Frühsommer ernten. Direkt nach der Ernte im Juli werden die abgeernteten, braunen Stängel tief am Boden abgeschnitten. Aber vorsichtig: Die Pflanze hat dann bereits neue Triebe für das nächste Jahr bekommen. Sie sind hellgrün und dürfen auf keinen Fall abgeschnitten werden! Die neuen Triebe bindest du an.

Herbst in deinem Garten

Vor den ersten Herbstfrösten kommen die Kürbisse ins Haus. Nun beginnt das große Aufräumen im Garten: Verblühte Stauden werden abgeschnitten, Bohnenpflanzen abgeräumt, neue Blumenzwiebeln fürs nächste Frühjahr gesteckt.

Kürbisse ernten
Erntezeit ist Ende September, wenn der Stiel der Frucht holzig wird und sich der Kürbis beim Anklopfen hohl anhört. Kürbisse sind viele Monate haltbar, wenn sie vor Frost geschützt sind. Sie brauchen einen trockenen Lagerplatz.

Samen einsammeln
Nach der Blüte reifen Samenstände an den Stängeln von Ringelblume und Cosmea heran. Sie werden dunkelbraun, trocken und fallen bei Berührung leicht ab. Wenn du diese Samen einsammelst und sie eine Woche an einem trockenen, warmen Platz ausbreitest, hast du einen Samenvorrat für das nächste Frühjahr. Die Samen halten sich gut in kleinen verschlossenen Gläschen oder Papiertüten.

Stauden
Phlox, Rittersporn und Herbstanemonen werden als Pflänzchen im Gartenhandel verkauft. Neue Stauden kannst du jetzt an einen sonnigen bis halbschattigen Platz in feuchten Boden pflanzen und gut angießen. Sie blühen in vielen verschiedenen Farben. Verblühte Staudenpflanzen, die schon länger in deinem Garten stehen, solltest du im Herbst bis auf zehn Zentimeter über dem Boden abschneiden. Anschließend wird die Erde vorsichtig gelockert und mit Kompost oder einem fertigen Dünger gedüngt.

Zwiebeln stecken
Winterlinge, Schneeglöckchen, Krokusse, Osterglocken, Tulpen, Traubenhyazinthe, Blaustern (Scilla) sind Zwiebelgewächse. Sie blühen im Frühling, deshalb heißen sie Frühblüher. Im Herbst, solange der Boden noch nicht gefroren ist, werden sie in die Erde gesteckt. Wie tief, richtet sich nach der Größe der Zwiebel, meistens zwischen fünf und zehn Zentimetern. Wichtig: Die Zwiebelspitze muss nach oben schauen und es soll etwas Abstand zwischen den Zwiebeln sein.

Himbeeren
Der Herbst ist die richtige Zeit, um neue Himbeeren zu pflanzen. Sie werden einzeln mit einem Abstand von 40 Zentimetern in die Erde gepflanzt. Um die Feuchtigkeit im Boden zu bewahren wird eine Schicht aus Rindenmulch, Laub oder Fichtennadeln ausgebreitet. Die langen Ruten bindet man an.

Wassergärten

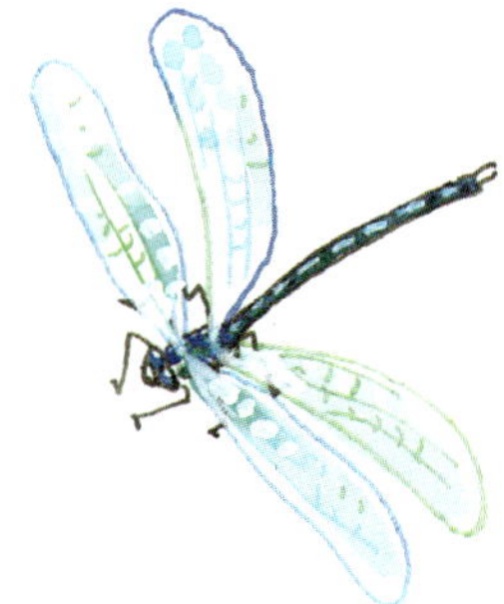

Wasser zieht Menschen und Tiere magisch an. Um Teiche und Wasserbecken sammeln sich Insekten, Vögel nehmen ein Bad und Haustiere trinken dort. Selbst in kleineren Wassergärten entsteht ein eigener Lebensraum. Das Leben am und im Wasser ist spannend zu beobachten. Der Platz am Wasser ist für Menschen aber auch ein Ort der Ruhe.

Teich im Kübel

Du brauchst:

- ein Teichgefäß
- etwas Sand
- einen Eimer (oder mehr) Kieselsteine
- verschiedene winterharte Wasserpflanzen, z. B. Fieberklee, Seerosen, Sumpfvergissmeinnicht, Sumpfdotterblumen, Schwertlilie
- Pflanzkörbe in verschiedenen Größen aus dem Gartenhandel
- einige Backsteine

Es ist gar nicht schwer, sich einen kleinen Wassergarten im Kübel anzulegen. Das geht sogar auf der Terrasse. Dazu eignen sich verschiedene Gefäße: ein großer Mörtelkübel aus dem Baumarkt, ein altes Holzfass oder eine ausgediente Badewanne.

1. Gepflanzt wird in verschiedenen Stockwerken. Dazu baust du aus Backsteinen zwei Etagen in den Kübel. Danach füllst du Sand etwa zwanzig Zentimeter hoch in das Gefäß. In den Sand werden die Pflanzen gesetzt, die am größten wachsen. Das sind Lilien, Teichrosen und Zwergseerosen.

2. Auf den Sand kommt eine Schicht mit groben Kieselsteinen. Auf die untere Etage setzt du mittelgroße Sumpf- und Teichpflanzen wie Zwergrohrkolben, Froschlöffel, Iris. Die Pflanzen setzt du in besondere Gitterkörbe für Wasserpflanzen. Sie werden mit Sand gefüllt und nach dem Einpflanzen mit Kieselsteinen einige Zentimeter hoch beschwert. Du kannst den Sand auch mit etwas Erde mischen, dann bekommen die Pflanzen mehr Nahrung.

3. Auf die obere Etage stellst du eine flache Plastikschale. Dort hinein kommen niedrigwüchsige Pflanzen wie Sumpfvergissmeinnicht, Sumpfdotterblume und Fieberklee.

Tümpel im Garten

Du brauchst:

- einige Eimer Sand oder einen alten Teppich
- Teichfolie: Sie muss viel größer sein als dein Tümpel. Beim Ausmessen muss dir ein Erwachsener helfen.
- Teichpflanzen in verschiedenen Wuchshöhen
- schöne, etwas größere Steine oder kleine Steinplatten
- verschieden große Pflanzkörbe aus dem Gartenhandel

Einen kleinen Teich oder Tümpel kannst du überall anlegen, sogar im Vorgarten. Wichtig ist eine sonnige Stelle. Die Größe richtet sich nach dem Platz, den du zur Verfügung hast.

Am besten hilft dir jemand beim Graben. Mit dem Spaten hebt ihr ein Loch aus und baut dabei einige Stufen ein. An der tiefsten Stelle sollte das Loch mindestens 50 Zentimeter tief sein. Danach entfernt ihr spitze Steine oder Wurzeln, sie können sonst Löcher in die Folie stechen. Füllt eine etwa zehn Zentimeter hohe Schicht aus nassem Sand in das Loch. Es kann aber auch ein alter Teppich hineingelegt werden. Darüber kommt die Teichfolie. Mit einem Gartenschlauch oder einer Gießkanne füllt ihr euer Teichloch mit Wasser. Erst danach schneidet ihr die Folie zwei Zentimeter über dem Rand ab. Ringsherum legt ihr Steine als Randbegrenzung. Um die Pflanzen einsetzen zu können, benötigt ihr Pflanzkörbe. Ihr könnt aber auch eine Schicht Sand in den Teich füllen und die Pflanzen direkt hineinsetzen.

Gartenpflege

Hier siehst du, welche Werkzeuge dir bei der Gartenpflege helfen:

Spaten und Grabegabel
Mit Spaten und Grabegabel wird der Boden umgegraben.

Kleine Handschaufel
Man braucht sie zum Einpflanzen.

Rechen
Wird benötigt um Saatrillen zu schließen, zum Zerkrümeln der Erde und zum Glattziehen des Bodens.

Eimer, Schubkarren, Gießkanne
Werden ständig zum Abtransport und Bewässern gebraucht.

Gartenschere, Handsäge
Zum Abschneiden verblühter Stauden und Zurückschneiden von Sträuchern.

Hacken
Gibt es in verschiedenen Ausführungen. Sie helfen beim Unkrautjäten und Bodenlockern.

Pflanzholz
Damit sticht man Löcher in die Erde, um kleine Pflanzen und Zwiebeln einzupflanzen.

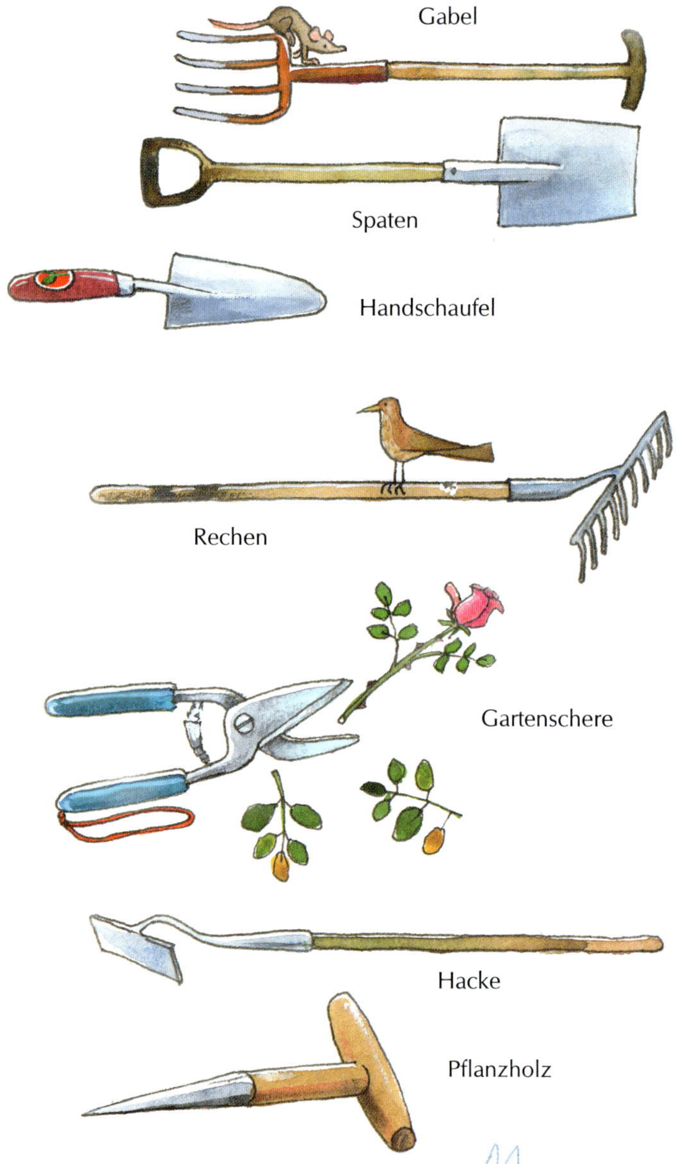

Unkraut jäten

Meistens hat man das Gefühl, dass Unkräuter schneller und besser wachsen als unsere Gartenpflanzen. Wenn du gar nichts gegen sie tust, überwuchern sie alles und du erntest nichts. Mit Ausstechern und Hacken kannst du ihnen zu Leibe rücken. Es reicht nicht aus, nur das Grün der Pflanzen zu entfernen, die Wurzel muss mit heraus. Sonst treibt das Unkraut wieder neue Blätter und Stängel aus.

Richtig gießen

Das richtige Gießen der Pflanzen erfordert viel Fingerspitzengefühl. Man kann Schaden anrichten, wenn zu viel oder zu wenig gegossen wird.

Wichtige Tipps:

- Am besten abends gießen. Manche Pflanzen brauchen zusätzlich morgens Wasser.
- Nicht die Blätter, sondern den Boden um die Pflanze wässern. Wassertropfen auf den Blättern wirken, wenn die Sonne darauf scheint, wie Brenngläser. Die Pflanze bekommt Sonnenbrand.
- Die meisten Pflanzen mögen es nicht, wenn die Wurzeln dauernd im Wasser stehen. Sie faulen. Pflanzgefäße sollten deshalb immer ein oder mehrere Löcher im Boden haben.

Boden bearbeiten

Manchmal verdichtet sich der Boden um die Pflanzen zu einer harten Erdkruste. Wasser und Luft gelangen nicht mehr in die Erde. Die Pflanzen wachsen nicht mehr gut, weil sie keine Nahrung mehr aufnehmen können. Deshalb muss der Boden das ganze Jahr über locker gehalten und gehackt werden.

Regenwürmer gehören zu den wichtigsten Helfern des Gärtners, denn sie fressen unermüdlich Pflanzenabfälle und lockern mit ihren Gängen den Boden auf. Aus den Pflanzenabfällen entsteht in ihrem Körper fruchtbare Erde, die sie wieder ausscheiden.

Düngen

Alle Pflanzen verbrauchen beim Wachsen Nährstoffe. Will man über längere Zeit eine gute Ernte erzielen, muss man dem Boden zurückgeben, was ihm genommen wurde. Deshalb düngen die Gärtner ihre Beete regelmäßig. Dünger kann chemisch hergestellt sein oder sich aus natürlichen Stoffen zusammensetzen. Nicht alle Pflanzen brauchen Dünger zur gleichen Zeit. Auf Pflanzanleitungen und Samentütchen steht meist der richtige Zeitpunkt zum Düngen. Du bekommst Dünger im Gartenhandel und im Baumarkt. Du kannst ihn auch auf einem Komposthaufen selbst machen.

Kompostieren

Aus Gartenabfällen entsteht in einem Komposthaufen nährstoffreiche Erde. Der richtige Platz für den Komposthaufen ist eine halbschattige Stelle mit nicht zu nassem Boden. Klein gehackte Garten- und Küchenabfälle werden zusammen mit etwas Erde locker aufeinander geschichtet. Viele kleine Lebewesen wie Springschwänze, Regenwürmer, Pilze und Bakterien zersetzen diese nährstoffreiche Erde, mit der du die Pflanzen düngen kannst. Achtung: Gekochte Essensabfälle, Fleisch, Wurst, Brot und Käse sowie die Schalen von Zitrusfrüchten gehören nicht auf den Kompost. (Gekochte Essensabfälle locken die Ratten an.)

Schädlinge im Garten

Auch Pflanzen können krank werden. Dies geschieht oft durch kleine Tiere oder Pilze. Es gibt aber ein paar Tricks dagegen.

Blattläuse

Blattläuse ernähren sich vom Blattsaft. Für einige Vögel, Marienkäfer, Ohrwürmer und Florfliegen sind sie aber eine Delikatesse. Wenn es genug von diesen Nützlingen im Garten gibt, halten sie die Schädlinge in Schach. Um die Blattläuse auf Zimmerpflanzen zu bekämpfen, kannst du die Pflanze mit Seifenwasser einsprühen.

Schnecken

Nacktschnecken werden von allen Gärtnern gefürchtet, weil sie über Nacht junge Pflanzen bis auf den Stängel abfressen. Wer kein Schneckengift im Garten streuen möchte, kann Folgendes versuchen:

1. Tagsüber verkriechen Schnecken sich. Morgens oder abends kommen sie aber hervor und du kannst sie in einen Eimer sammeln. Die abgesammelten Tiere bringen Schneckenfreunde weit weg auf eine abgelegene Wiese.

2. Streue einen etwa 20 Zentimeter breiten Streifen aus Sand, Holzasche, Steinmehl oder Sägemehl um deine Beete. Diese Streifen können Schnecken nicht überqueren. Die Sperre muss ab und zu erneuert werden.

Ein kleiner Zweipunkt-Marienkäfer frisst pro Tag bis zu 60 Blattläuse. Ein Siebenpunkt-Marienkäfer vertilgt bis zu 150 Blattläuse. Der Blattlauslöwe, die Larve der Florfliege, verspeist sogar bis zu 500 Blattläuse und dazu noch verschiedene andere Schädlinge.

Ein Lebensraum für Tiere

Viele Tiere sind nützliche Helfer im Garten. Um sie anzulocken, kannst du ihnen einen Unterschlupf bauen. Vielleicht bleiben sie dann und helfen auf ihre Weise bei der Gartenarbeit.

Nisthilfe für Ohrwürmer

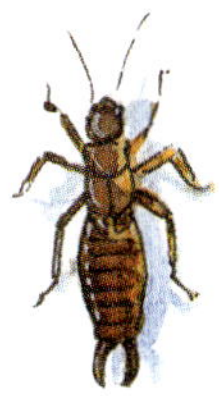

Du brauchst:

- Blumentontopf mit Loch
- Stroh oder Holzwolle
- Kordel

Ohrwürmer sind keine Würmer, sondern nützliche Insekten. Mit ihren Zangen zwicken sie keine Menschen, sondern benutzen sie zur Paarung und Verteidigung. Sie fressen Blattläuse in großen Mengen. Es ist ganz einfach, ihnen eine Behausung zu bauen.

Ein Platz für den Igel

Igel sind wichtige Helfer im Garten. Nachts jagen sie unermüdlich Schnecken und anderes Kleingetier. Tagsüber schlafen sie. Ein Haufen aus Ästen, Baumwurzeln, Reisig und Laub ist ein ideales Igelversteck. So ein »unordentlicher« Platz im Garten bietet auch anderen Tieren wie Wieseln, Kröten, Mäusen, Blindschleichen oder Spitzmäusen sicheren Unterschlupf.

Eine Wohnung für Hautflügler

Schwebfliegen, Florfliegen, Holzbienen und Schlupfwespen sind wichtig für den Garten, weil sie die Pflanzen bestäuben. Sie legen ihre Eier in morsches Holz, in alte Zaunpfähle und abgestorbene Bäume. Du kannst ihnen aber auch Schilfrohr als Nisthilfe anbieten.

Schneide ein Stück Schilfrohrmatte (aus dem Gartencenter) auf eine Breite von etwa 30 Zentimeter und eine beliebige Länge zu. Rolle es zusammen und umwickle es einige Male mit Draht.

Befestige diese Nisthilfe an einer sonnigen, windgeschützten Wand.

Tipp: Nistkästen für Fledermäuse und Vögel kann man fertig kaufen. Einige Naturschutzverbände bieten Bauanleitungen für Nistkästen an.

Schmetterlingsflieder

Beobachtest du gerne Schmetterlinge? Der süß duftende Schmetterlingsflieder ist immer von Schmetterlingen umschwärmt! Auch Hummeln lassen sich gern darauf nieder. Vielleicht hast du Glück und sogar das seltene Taubenschwänzchen besucht deinen Strauch. Es tut dem Strauch gut, wenn du ihn Anfang April bis 50 Zentimeter über dem Boden zurückschneidest.

Die wilde Ecke

Die meisten Leute lieben einen sehr gepflegten und aufgeräumten Garten. Tiere finden dort allerdings keine Lebensräume mehr. Das heißt, sie haben keinen Unterschlupf und finden kein Futter. Deshalb ist es wichtig, in jedem Garten eine Ecke übrig zu lassen, in der alles wild wachsen darf.
Dort siedeln sich bald von alleine Wildblumen und Wildkräuter an, die man sonst im Garten nicht wachsen lässt. Gerade diese locken mit ihrem Duft oder ihrer Farbe besonders viele Insekten an.

Brennnesseln sind wichtig für unzählige Tiere. Die Raupen unserer schönsten Tagfalter wie Kleiner Fuchs, Distelfalter, Admiral oder Pfauenauge benötigen sie als Nahrungspflanze.

Löwenzahn zeigt schon im frühen Frühjahr leuchtend gelbe Blüten. Er gehört zu den ersten Futterpflanzen für viele Tiere. Selbst Haustiere wie Hasen, Meerschweinchen oder Schildkröten mögen Löwenzahnblätter, die gesünder sind als gekaufter Salat aus dem Supermarkt. Auch Menschen schmecken die Löwenzahnblätter. In vielen Ländern wird Löwenzahnsalat gerne gegessen.

Disteln sind von Gärtnern zwar nicht gern gesehen, bieten aber vielen Tieren eine Nahrungsgrundlage. Der Distelfink pickt zum Beispiel die Samen heraus. Der Distelfalter legt seine Eier auf den Blättern ab. Die Raupen, die daraus schlüpfen, fressen die Blätter und wickeln sich bei der Verpuppung in Distelblätter ein. Distelblüten sind für Bienen und andere Insekten eine wichtige Nektarquelle.

Die meisten Pflanzen schließen am Abend ihre Blüten. Einige blühen aber erst richtig in der Nacht. Sie locken damit Nachtfalter an. Wenn man Glück hat, finden sich dadurch auch Fledermäuse ein, denn sie jagen die umherflatternden Falter. Zu den Nachtblühern gehören zum Beispiel die Nachtkerze, das Seifenkraut, die Lichtnelke und der Liguster.

Mutprobe

Traust du dich, eine Brennnessel ohne Handschuhe anzufassen? Wahrscheinlich nicht. Denn bei Berührung brechen die Brennhaare, die auf Stängeln und Blättern sitzen, ab. Wie mit einer Spritze wird eine brennende Flüssigkeit in die Haut geschossen. Aber mit einem kleinen Trick schaffst du es, Brennnesseln anzufassen ohne dich zu verbrennen. Du musst den Stängel schnell zwischen zwei Fingern fest zusammendrücken. Die Haare brechen dann nicht, sondern legen sich nur um und können dich nicht stechen.

Schönes und Nützliches aus dem Garten

Hast du schon einmal eine Vogelscheuche gesehen? Hier siehst du, wie eine gebastelt wird. Oder willst du selbst eine Salbe aus Blüten herstellen? Dann versuche das folgende Rezept!

Ringelblumensalbe

Du brauchst:

- 200 ml gutes, kaltgepresstes Pflanzenöl
- 2 Esslöffel voll Ringelblumen-Blütenblätter
- 30 – 40 g Bienenwachs

Die Pflanze mit den gelben oder orangefarbenen Blüten ist eine Heilpflanze, die der Haut viel Gutes tun kann.
Die abgezupften Blütenblätter werden zwei Wochen in das Öl eingelegt. Anschließend gießt man das Öl durch ein Teesieb in einen kleinen Kochtopf und erwärmt es (nicht kochen!). Dazu kommt das Bienenwachs. Jetzt wird so lange gerührt, bis sich das Wachs aufgelöst hat. Nun kann das Ganze abkühlen. Dabei wird ständig gerührt, bis die Paste cremig wird. Kühl und dunkel gelagert hält sich die Salbe bis zu einem Jahr. Sie hilft bei rauer Haut zum Beispiel nach der Gartenarbeit.

Herbstmobile

Du brauchst:

- 80 Zentimeter Blumendraht
- ein Holzstöckchen, etwa 5 Zentimeter lang
- viele bunte Herbstblätter, Hagebutten, Zapfen, Stöckchen

Ein Herbstmobile können auch schon ganz kleine Kinder selbst herstellen: Das kleine Holzstöckchen wird an das eine Ende des Drahtes gebunden. Darauf spießt du abwechselnd viele bunte Blätter, Hagebutten, Zapfen, Stöckchen oder anderes Material aus der Natur. Das Mobile hängst du in einen Baum oder vor dein Fenster.

Vogelscheuche

Du brauchst:

- eine Dachlatte, circa drei Meter lang
- eine Baumwolltasche
- Holzwolle oder Stroh
- 2 Knöpfe
- wasserfeste Stofffarbe
- Wolle
- einen Hut oder Kopftuch
- alte Kleidung
- Blechdosen
- Metallfolienstreifen
- Draht, Kronenkorken

Eine schöne, aber auch sehr nützliche Idee ist der Bau einer Vogelscheuche. Sie hält die Vögel von einem frisch eingesäten Beet oder von den reifen Erdbeeren fern und sieht toll aus. Aus Dachlatten wird ein etwa 1,80 Meter hohes und 1,20 Meter breites Kreuz zusammengenagelt. Eine Baumwolltasche wird mit Holzwolle oder Stroh ausgestopft und als Kopf oben auf das Kreuz gebunden. Aus Knöpfen werden Augen aufgenäht, das Gesicht wird mit wasserfester Stofffarbe bemalt. Ein Hut oder ein Kopftuch und aufgenähte Wollhaare machen den Kopf perfekt. Zum Anziehen eignet sich Kleidung, die man weit aufknöpfen kann, zum Beispiel ein altes Hemd, ein Kleid, eine Küchenschürze oder eine Hose. An die ausgestreckten Arme hängst du klappernde Blechdosen, Metallfolienstreifen, die in der Sonne glitzern oder auf Draht aufgezogene Kronenkorken.

 Die folgenden Rezepte sind lecker und einfach!
Mit verzuckerten Blüten und bunten Eiswürfeln kannst du deine Gäste überraschen und deinen Geburtstagstisch verschönern.

Rezept Kürbis-Rosinen-Brötchen:

Du brauchst:

- 250 g Speisekürbis, zum Beispiel Hokkaido oder Butternusskürbis
- 70 Gramm Rosinen
- 600 Gramm Mehl
- 2 TL Trockenhefe
- 350 ml lauwarmes Wasser
- 100 Gramm Zucker
- Backpapier für das Blech

Kürbis waschen, schälen, entkernen, in kleine Würfel schneiden. In einem Topf mit etwas Wasser dünsten, bis das Kürbisfleisch weich ist. Rosinen waschen und in warmem Wasser einweichen. Abgetropften Kürbis durch ein Sieb streichen. Das Mehl mit Hefe, Wasser, Zucker, abgetropften Rosinen und Kürbispüree zu einem elastischen Teig kneten. Den Teig zugedeckt an einem warmen Ort 30 bis 45 Minuten gehen lassen. Backblech mit Backpapier auslegen. Aus dem Teig 12 Brötchen formen, auf das Backpapier setzen, 10 Minuten ruhen lassen. Bei 180 Grad 25 bis 30 Minuten backen.

Blüten-Eiswürfel

Ein toller Tipp für Sommergetränke: eingefrorene Blüten. Du brauchst einen Eiswürfelbehälter und z. B. Veilchen-, Ringelblumen- oder Borretschblüten.

Holundersirup

Du brauchst:

- 20 Holunderblütendolden
- 3 Bio-Zitronen (unbehandelt!)
- 1½ Kilo Zucker
- 30 g Zitronensäure
- 1½ Liter Wasser

Gewaschene Zitronen in Scheiben schneiden und in eine große Schüssel (kein Glas) geben. Holunderblüten, Zucker, Zitronensäure und 1ř Liter kochendes Wasser dazufügen. Umrühren, zudecken und drei Tage an einem kühlen Ort stehen lassen. Zwischendurch umrühren.
Den Sirup durch ein Teesieb gießen und randvoll in heiß ausgespülte Flaschen abfüllen. Im kühlen Keller lagern. Geöffnete Flaschen im Kühlschrank aufbewahren und in wenigen Tagen aufbrauchen. Den Sirup im Sommer mit eiskaltem und im Winter mit heißem Wasser stark verdünnen.

Verzuckerte Blüten

Du brauchst:
- 1–2 Eiweiß
- 1 Backpinsel
- 100 g feinen Zucker

Verzuckerte Blüten von Rosen, Rittersporn und anderen Sommerblumen eignen sich wunderbar für die Dekoration eines festlichen Tisches. Sie sind aber nicht essbar!
Eiweiß leicht verrühren und damit die Blüten innen und außen vorsichtig mit dem Backpinsel bestreichen. Den Zucker darüber streuen. Die Blüten zwei bis drei Tage auf dem Kuchenrost an einem warmen Ort trocknen lassen, bis sie sich hart anfühlen. In einer gut verschließbaren Keksdose halten sie sich etwa drei Monate.

Tipp: Auch Früchte wie Johannisbeeren, Birnen oder Trauben lassen sich verzuckern. Sie halten sich aber nur wenige Tage.

Gemüsepizza

Du brauchst für ein Backblech:
- Pizzateig (selbst gemacht oder gekauft)
- Tomatenpüree
- verschiedene Gemüse aus dem Garten (Zucchini, Zwiebeln, Paprika, Tomaten, Lauch, Brokkoli, Spinat)
- Kräuter, frisch oder getrocknet (Oregano, Thymian)
- Salz, Pfeffer
- 200 g geriebenen Käse

Fertigen Pizzateig auf einem gefetteten oder mit Backpapier ausgelegten Blech ausrollen. Tomatenpüree mit Salz, Pfeffer und Kräutern würzen, auf dem Pizzateig mit einem Löffel verstreichen. Gewaschenes Gemüse in kleine Stücke oder Streifen schneiden und darauf verteilen. Zuletzt den Käse darüber streuen und 30 Minuten bei 190 Grad auf der mittleren Schiene backen.

Stichwortverzeichnis

Hier findest du alle Gartenpflanzen und Gartenideen aus diesem Buch auf einen Blick:

Blumen

Borretsch 15
Cosmea 15
Duftgeranie 11
Frühlingsblumen (Zwiebeln) 18
Gurkenkraut 15
Kapuzinerkresse 13
Lavendel 10
Ringelblume 14
Schmetterlingsflieder 25
Sonnenblume 13
Staudenpflanzen 18
Tulpe 16

Kräuter und Wildpflanzen

Borretsch 15
Brennnessel 26, 27
Distel 26
Gurkenkraut 15
Küchenkräuter 8
Lavendel 10
Löwenzahn 26
Pfefferminze 10
Wasserpflanzen 5, 20, 21
Zitronenmelisse 10

Obst und Gemüse

Erbsen 14, 17
Erdbeeren 16
Himbeeren 17, 19
Kartoffeln 9
Kumquat 12
Kürbisse 14, 18
Möhren 15
Salatgurken 17
Stangenbohnen 17
Zucchini 17

Zimmerpflanzen

Brutblatt 6
Grünlilie 4, 6
Kakteen 4
Kannenpflanze 6
Sonnentau 6
Venusfliegenfalle 6

Tiere

Apfelschnecke 5
Blattlaus 24
Blattlauslöwe 24
Distelfalter 26
Distelfink 26
Fledermaus 25, 27
Florfliege 24, 25
Hautflügler 25
Igel 25
Marienkäfer 24
Nachtfalter 27
Ohrwurm 24, 25
Regenwurm 23
Schmetterling 25
Schnecke 24, 25
Tagfalter 26

Gartentipps

Nachtblüher 27
Nützliche Insekten 24
Mutprobe 27
Pflanzen angießen 15
Rankende Kapuzinerkresse 13
Regenwürmer 23
Wüstengarten 4

Gartenarbeiten

Blattlausbekämpfung 24
Boden bearbeiten 23
Düngen 23
Gartengeräte 22
Kompostieren 23
Pflanzen angießen 15
Richtig gießen 23
Samen einsammeln 18
Schneckenbekämpfung 24
Teich anlegen 20, 21
Verblühte Pflanzen abschneiden 16, 19
Unkraut jäten 23
Zwiebeln stecken 19

Rezepte und Bastelideen

Blüten-Eiswürfel 30
Garten in der Kiste 4
Gemüsepizza 31
Geranienparfüm 10
Herbstmobile 28
Holundersirup 30
Kräuterbutter 8
Kräutertee 10
Kumquat-Marmelade 12
Kürbis-Rosinen-Brötchen 30
Lavendel-Duftsäckchen 10
Nisthilfe für Ohrwürmer 25
Ringelblumensalbe 28
Verzuckerte Blüten 31
Vogelscheuche 29
Wassergarten 5
Wohnung für Hautflügler 25